PROJET DE PORT A OKUBO (MOJI)

JAPON

RAPPORT DE MISSION

DE

M. GODARD

Ingénieur en Chef des Ponts et Chaussées

PARIS

IMPRIMERIE ET LIBRAIRIE CENTRALES DES CHEMINS DE FER

IMPRIMERIE CHAIX

SOCIÉTÉ ANONYME AU CAPITAL DE TROIS MILLIONS

Rue Bergère, 20

1908

TABLE DES MATIÈRES

DU

RAPPORT DE M. GODARD

INGÉNIEUR EN CHEF DES PONTS ET CHAUSSÉES

CHAPITRE IV

Projet de port à Okubo

CHAPITRE V

PROJET DE PORT A OKUBO (MOJI) JAPON

RAPPORT

La *Banque de Paris et des Pays-Bas* nous a chargé de lui rendre compte des conditions d'établissement d'un port à **Okubo** près Moji (Japon) qui pourrait faire l'objet d'une concession de la part du Gouvernement Japonais.

Nous avons séjourné au Japon en octobre et novembre derniers, et nous rendons compte dans le rapport ci-après du résultat de notre mission.

Le lieu dit **Okubo**, petit village de pêcheurs, est une dépendance de Moji, située à sept ou huit cents mètres de cette ville, de l'autre côté de la presqu'île de Mojuyama. Le port projeté à **Okubo** étant présenté par les promoteurs de l'affaire comme devant déplacer en sa faveur tout ou partie du trafic actuel du port de Moji, c'est surtout de ce dernier port qu'il sera question dans les premiers chapitres de ce rapport.

Dans le chapitre Ier, nous donnerons des renseignements statistiques d'ordre général: dans le chapitre II, nous dirons quelques mots des bassins houillers de l'île Kyushiu et de leurs ports d'exportation: dans le chapitre III, nous parlerons du port de Moji et des améliorations possibles de ce port qui, si elles devaient être prochainement réalisées, rendraient certainement ruineuse l'entreprise du port d'**Okubo**; dans le chapitre IV, nous traiterons des installations à projeter au port d'**Okubo** et des conditions d'exploitation nécessaires pour que les capitaux soient rémunérés; le chapitre V résumera nos conclusions.

Ce rapport renvoie à diverses pièces annexes, plans, dessins, tableaux, etc., numérotés de 1 à 23 avec des numéros 7_1, 7_2, 8_1, 8_2, 8_3, 10_1, 10_2, et 4_2, 4_3, 4_4, et 4_5.

CHAPITRE PREMIER

Renseignements statistiques d'ordre général.

Commerce extérieur de l'Ile de Kyushiu.

Pour se rendre compte de l'importance et du rôle du port de Moji, il est bon que nous donnions quelques renseignements statistiques d'ordre général (1).

Le commerce extérieur du Japon suit, depuis quelques années, une progression constamment croissante et, en 1906, il atteignait 423.754.892 yen (2) à l'exportation et 418.784.108 yen à l'importation, avec une balance du commerce en faveur des exports.

Moji (voir carte pièce annexe n° 1) est situé à l'extrémité Nord de l'île de Kyushiu, la plus méridionale des quatre grandes iles constituant le Japon proprement dit. Il y a dans cette ile douze ports ouverts au commerce extérieur dont le trafic, évalué en yen, a atteint en 1906 les chiffres suivants :

	Exportations.	Importations.	Totaux.
Moji.	18.576.077	21.866.835	40.442.912
Nagasaki.	5.513.744	13.632.826	19.146.570
Kutchinotzu . . .	4.356.322	146.021	4.502.343
Karatsu	2.078.512	26.800	2.105.312
Idzuhara.	231.581	258.999	490.580
Wakamatsu . . .	2.590.934	1.014.510	3.605.444
Misumi	87.844	67	87.911
Shishimi.	107.282	17.739	125.021
Sasuna.	95.398	30.086	125.484
Hakata.	133.720	190.936	324.656
Naha	477	20.268	20.745
Suminoye	629.847	»	629.847
Totaux. . .	34.401.738	37.205.087	71.606.825

(1) Ces renseignements sont extraits de l'*Annual return of the foreign trade of the empire of Japan*, publié par le Ministère des Finances du Japon, pour l'année 1906.

(2) Le yen a une valeur de 2 fr. 58 c.

Moji vient en tête avec un chiffre d'affaires plus que double de celui de Nagasaki; Kutchinotzu vient en troisième rang, Wakamatsu en quatrième et Karatsu en cinquième. Le commerce de chacun des sept autres ports reste au-dessous d'un million de yen.

Le tableau ci-après montre l'importance relative du port de Moji par rapport aux divers ports du Japon.

COMMERCE GÉNÉRAL

IMPORTATIONS ET EXPORTATIONS RÉUNIES (Valeur en yen) EN 1906

Numéros d'ordre.	Ports.	Valeur en yen.
1.	Yokohama	349.917.752
2.	Kobé	302.795.459
3.	Osaka	84.788.942
4.	Nagasaki	19.146.570
5.	Moji	40.442.912
6.	Yokkaitchi	8.588.616
7.	Kutchinotsu	4.502.343
8.	Hakodate	4.853.193
9.	Shimonoseki	5.849.288
10.	Taketoyo	1.526.691
11.	Muroran	1.222.663
12.	Otaru	4.160.850
13.	Karatsu	2.105.342
14.	Niigata	2.031.220
15.	Itozaki	718.635
16.	Idzuhara	490.580
17.	Wakamatsu	3.605.414
18.	Miyazu	487.890
19.	Misumi	87.911
20.	Sakai	207.683
21.	Hamada	217.555
22.	Shishimi	125.021
23.	Sasuna	125.484
24.	Hakata	324.656
25.	Jushiki	130.313
26.	Naha	20.745
27.	Shimizu	2.081.170
28.	Namao	78.077
29.	Kushiro	143.079
30.	Tsuruga	1.080.870
31.	Suminoye	629.847
32.	Aomori	352.229
	Total. . . . . Yen.	842.539.000

Sur le total de 842.539.000 yen, les trois ports de Yokohama, Kobé et Osaka prennent 737.502.153 yen, ne laissant ainsi pour tous les autres ports du Japon que 115.036.847 yen, et si l'on retranche de ce reliquat les chiffres de Moji et de Nagasaki, il ne reste que 55.447.365 yen à partager entre les 27 autres ports du tableau.

ART. 2.

Production charbonnière de l'île de Kyushiu.

Mais pour bien juger de l'importance d'un port, il y a à considérer non seulement le commerce extérieur, mais aussi le commerce intérieur qui se fait par cabotage de port japonais à port japonais et qui, au Japon, a une très grande importance.

La statistique de ce commerce intérieur n'existe pas pour toutes les marchandises ; mais les publications japonaises donnent pour le charbon des renseignements assez complets qui nous suffiront, notamment pour juger du trafic du port de Moji qui est principalement un port d'exportation du charbon.

La production totale des mines de charbon du Japon a été évaluée, en 1906, à 12.881.753 tonnes pour lesquelles les mines de l'île de Kyushiu contribuent pour 9.698.151 tonnes, c'est-à-dire environ les trois quarts.

Sur ces 9.698.151 tonnes produites en 1906, il a été embarqué dans les ports de l'île de Kyushiu, une quantité de 8.083.116 tonnes. Pendant les années de 1902 à 1906, les quantités de charbon ainsi embarquées ont été les suivantes :

1902	5.271.144 tonnes.
1903	5.895.392 —
1904	6.060.972 —
1905	6.681.113 —
1906	8.083.116 —

Sur le total de 8.083.116 tonnes de charbon, la part du port de Moji est considérable et s'élève à 3.403.802 tonnes ; après, vient le port voisin de Wakamatsu qui a avec le port de Moji des relations étroites, sur lesquelles nous nous étendrons longuement dans la suite :

ce port de Wakamatsu a vu son trafic s'élever rapidement de 1904 à 1906, grâce à des travaux importants qui y ont été exécutés ; nous aurons à voir si ce frère jumeau du port de Moji est destiné à grandir encore à son détriment.

Art. 3.

Statistique des marchandises diverses à Moji.

Pour achever de donner une idée du trafic du port de Moji, nous extrairons des statistiques douanières les renseignements relatifs à l'export ou à l'import des marchandises autres que la houille ; pour le trafic par cabotage de ces dernières, nous n'avons pu nous procurer aucun renseignement ; ce trafic qui ne doit pas être négligeable, ne nous intéresse d'ailleurs pas au point de vue du port d'Okubo.

La valeur des produits, autres que la houille, exportés du port de Moji en 1906, a été de 12.353.903 yen, dont trois articles : les cotons filés, le sucre raffiné et les bois et planches, constituent environ les trois quarts.

En ce qui concerne l'importation, la valeur des produits s'est élevée, en 1906, à 21.866.835 yen, dont quatre articles : le coton, le sucre brut, les machines et les tourteaux de graines, représentent environ les trois quarts.

Nous avons résumé dans le tableau suivant les principaux chiffres caractérisant le mouvement du port de Moji.

TRAFIC EN 1906 DU PORT DE MOJI

Exportation.

	Tonnes.	Valeur en yen.
Charbon exporté à l'extérieur ou à l'intérieur :		
Charbon exporté à l'étranger.	904.776	
Charbon pris pour les chaudières des bateaux étrangers .	639.841	
Charbon exporté à l'intérieur.	768.757	
Charbon pris pour les chaudières des bateaux japonais. .	471.397	
Charbon pris par la *Nippon Yusen Kaisha* et l'*Osaka Shosen Kaisha*.	500.000	
Total.	3.284.771	29.590.000

	Tonnes.	Valeur en yen.
Marchandises autres que le charbon exportées à l'extérieur :		
Cotons filés	5.757	4.152.636
Sucre raffiné	17.054	3.057.918
Bois et planches	»	2.137.384
Autres marchandises	»	3.005.965
Total de l'exportation proprement dite autre que la houille.		12.353.903

Marchandises autres que le charbon exportées à l'intérieur :

Inconnue.

Importation proprement dite.

	Tonnes.	Valeur en yen.
Coton	12.648	5.670.908
Sucre brut	49.314	5.751.938
Machines	»	2.754.641
Tourteaux de graines	46.457	2.353.738
Autres marchandises	»	5.335.610
Total de l'importation proprement dite		21.866.835

Importation intérieure.

Inconnue.

Art. 4.

Statistique des charbons du port de Moji.

Après avoir donné une idée d'ensemble du trafic en 1906 du port de Moji, il est indispensable que nous donnions des renseignements plus spécialement détaillés sur le commerce du charbon dans ce port.

La pièce n° 12 donne un graphique et un tableau détaillés du charbon pris par les navires à Moji, de 1887 à 1906. Cette pièce a été établie par l'association des marchands de charbon de Moji ; elle distingue quatre catégories : charbons exportés à l'étranger, charbons exportés à l'intérieur par bateaux japonais, charbons pris par les navires étrangers pour leur consommation propre, charbons pris par les bateaux japonais pour leur consommation propre ; ainsi en 1906, sur un total de 2.784.771 tonnes, les quantités pour ces diverses catégories ont été de 904.776 tonnes, 768.757 tonnes, 639.841 tonnes, 471.397 tonnes.

Les chiffres portés sur ce tableau sont incomplets; ils ne comprennent pas les charbons pris à Moji par les bateaux des deux grandes Compagnies de navigation japonaise, la Nippon Yusen Kaisha et l'Osaka Shosen Kaisha qui achètent directement leurs charbons aux mines, sans passer par les marchands de charbon. On peut évaluer de 400.000 à 600 000 tonnes le charbon pris à ce titre, par an, qu'il faut ajouter aux chiffres portés à l'état n° 12; nous n'avons pas pu nous procurer des chiffres plus exacts; la Mitsui publie bien, dans ses prospectus, une statistique de la quantité totale de charbon embarqué à Moji, mais ces statistiques sont exagérées; après un examen qui nous a arrêté longtemps, nous avons dû reconnaître qu'elles contiennent des doubles emplois dans une proportion qu'il est impossible de fixer et nous avons dû les rejeter et nous contenter de l'approximation précédente.

On peut rapprocher, d'ailleurs, des chiffres précédents l'état pièce n° 13 donnant les quantités de charbon arrivées à Moji dans les dix dernières années, de 1896 à 1907, ainsi que les stocks existant en dépôt fin décembre de chaque année.

En rapprochant ces deux tableaux, en tenant compte des variations du stock, de la consommation intérieure de Moji qui peut être évaluée à 115.0000 tonnes (voir état n° 13 in fine, on voit, dis-je, que ces deux tableaux se complètent avec une certaine vraisemblance (1).

Nous n'avons pas pu étendre le tableau n° 12 jusqu'à la fin du premier semestre 1907, comme il eût été désirable. Nous avons pu, toutefois, nous procurer des renseignements analogues à ceux du tableau 12 pour les cinq premiers mois de l'année, et en multipliant le total 1.446.905 tonnes par la fraction $\frac{12}{5}$, on a le chiffre de 3.472.572 tonnes pour le chiffre probable des embarquements de charbon en 1907; si l'on y ajoute la consommation locale à Moji, et supposant le stock constant, on arrive au chiffre de 3.587.572 tonnes, en légère augmentation sur le chiffre de 1906.

Il résulte de ces tableaux que le trafic du port de Moji, très rapi-

---

(1) Il ne faut pas demander plus à la statistique; ainsi signalons que l'*Annual return of the foreign trade of the Japan Empire*, publication officielle fort importante, donne 950.352 tonnes pour la quantité de charbon exportée à l'étranger en 1906, tandis que l'état n° 12 donne 904.776 tonnes.

dement croissant jusqu'en 1902, à peu près stationnaire en 1903-1905, a baissé en 1906 et semble ne reprendre que lentement en 1907.

M. le Directeur des Douanes de Moji nous a expliqué ce fait de la façon suivante : pendant la guerre russo-japonaise, le commerce des charbons a subi une grave perturbation ; le trafic du port de Moji s'est bien maintenu grâce à l'embarquement du charbon de guerre ; mais, après la cessation des hostilités, cette dernière consommation a disparu. et le commerce qui avait perdu les marchés de Shangaï, Hong-Kong, jusqu'à Singapore, alimentés pendant la guerre par l'Australie, met un certain temps pour retrouver ses anciens débouchés.

La pièce n° 14 donne le graphique des quantités de charbon expédiées en 1905 des diverses mines au port de Moji, avec l'indication au bas du nom des mines, de celui de leurs propriétaires et de celui des vendeurs.

Il y a lieu de retenir surtout deux noms de grandes maisons, noms qui reviendront souvent dans le cours de ce rapport : ce sont la Mitsui Bussan Kaisha et la Mitsu Bishi C°.

Il ne faut pas être longtemps au Japon pour qu'on entende parler fréquemment de la puissante famille Mitsui, famille très ancienne de financiers qui était autrefois à la tête du commerce des riz et qui est maintenant à la tête des affaires les plus importantes du pays, affaires de banques, de mines, de commerce ; la Mitsui Bussan Kaisha est la branche commerciale de cette association. La Mitsu Bishi C° est une puissance plus récente, mais encore plus forte ; elle a à sa tête le baron Iwasaki, et son développement qui remonte à 1875 est surtout dû à son initiative en matière de transports maritimes : cette association fait de la banque, est mêlée à toutes les affaires et possède notamment d'importants chantiers de construction de navires à Nagasaki et à Kobé ; au point de vue où nous devons nous placer ici, nous dirons que ces deux maisons font près de la moitié du commerce des charbons au port de Moji.

La pièce n° 15 donne le détail par mois, en 1906, des quantités de charbon expédiées des diverses mines au port de Moji, quantités dont le total, 3.403.802 tonnes, est porté à l'état n° 13.

La pièce n° 16 donne des renseignements sur les fluctuations du prix en yen de la tonne des diverses qualités de charbon.

CHAPITRE II

Mines de charbon de l'ile de Kyushiu
et leurs ports d'exportation.

Art. 5.

Principaux bassins houillers de l'ile de Kyushiu
et leurs ports d'exportation.

Les principaux bassins houillers de l'ile de Kyushiu sont, par ordre d'importance : les bassins du Chiku-Ho et du Hoshiu, celui de Miike, celui de Karatsu, celui de Kitagata et celui très limité de l'ile de Takashima. Les charbons des bassins du Chiku-Ho et du Hoshiu, situés dans le nord de l'ile, expédient à peu près l'intégralité de leur production aux ports voisins de Moji et de Wakamatsu, sités à l'extrémité nord de l'ile et voisins l'un de l'autre de onze milles (1) en chemin de fer ; une partie négligeable du charbon du Hoshiu est prise par le port d'Unoshima. Les charbons du bassin de Karatsu sont expédiés par le port de Karatsu. Les charbons du bassin de Miike sont expédiés par jonques de mer du petit port voisin d'Omuta principalement au port de Kuchinotsu, où ils embarquent sur des steamers, et aussi au port de Nagasaki. Les charbons du bassin de Kitagata, récemment exploité, vont au port de Karatsu et aussi à Nagasaki. Enfin le petit bassin de l'ile de Takashima expédie par Nagasaki.

La production des mines du Chiku-Ho et du Hoshiu s'est élevée, en 1906, à 6.525.230 tonnes, sur un total pour toute l'ile de 9.698.151 tonnes. Le charbon embarqué aux ports de Moji et de Wakamatsu s'est élevé, la même année, à 3.576.267 tonnes + 2.162.635 tonnes := 5.738.902 tonnes.

La question s'est posée, dès l'ouverture des mines de charbon, d'en faciliter l'export par la construction de chemins de fer et ensuite par l'aménagement des port d'exportation, à savoir : des ports de Moji et de Wakamatsu, qu'il y a lieu, comme nous l'avons déjà dit et comme nous l'expliquerons, d'envisager solidairement : du port de Karatsu ; et pour le bassin de Miike, du port d'Omuta, où un vrai

---

4

port artificiel en eau profonde est en construction, destiné à supplanter le port de Kuchinotsu ; ce port d'Omuta, où une dépense de 5 millions de yen est engagée, sans parler des dépenses d'outillage proprement dit, est construit par la Mitsui, sans aucune aide pécuniaire de
l'État.

ART. 6.

Production des bassins du Chiku-Ho et du Hoshiu, dont les ports de Moji et de Wakamatsu sont les ports exportateurs.

Nous n'avons à nous occuper ici que du port de Moji et de son
frère jumeau, le port de Wakamatsu, ports d'exportation des bassins
du Chiku-Ho et du Hoshiu (voir carte pièce n° 2).

Le port de Wakamatsu est le port naturel d'exportation des mines
du Chiku-Ho, plutôt que le port de Moji ; le premier est, en effet,
plus près des mines que le second, et il existe en sa faveur une économie de parcours de onze milles en chemin de fer.

Le tableau suivant donne le nombre de mines, de puits et leur
distance moyenne à Wakamatsu en chemin de fer.

BASSIN DU CHIKU-HO.

Centres houillers.	Nombre de mines.	Nombre de puits.	Distance à Wakamatsu en chemin de fer.
Nakama	4	6	9 milles.
Uweki	2	4	13
Naogata	4	6	15,4
Katouno	2	3	16,9
Kirino	2	2	19
Kotaké	9	12	19,3
Namazuda	4	5	31,4
Yoshiwo	3	3	23,5
Izuka	5	12	24,4
Usui	9	11	28,7
Okuma	8	3	34,3
Shimoyamada	2	4	31,1
Kamiyamada	13	17	33,3
Nagao	3	8	28
Kobukuro	8	20	22,9
Nakaizumi	6	9	18
Kaneda	10	10	21,4
Tsendo	3	3	21,6
Soit	97 mines et	138 puits.	

Les charbons du Chiku-Ho arrivent aussi à Wakamatsu par une voie de navigation intérieure constituée par la rivière Ongagawa et un canal qui met en communication cette rivière, avant son débouché en mer, avec la baie de Wakamatsu. Ce transport se fait par de petites gabares portant environ 20 à 30 tonnes.

Le bassin de Hoshiu, situé plus à l'est, est plus rapproché, dans la majeure partie de son étendue, du port de Moji que du port de Wakamatsu, en sorte que la majeure partie du charbon de ce bassin va par voie ferrée au port de Moji; une partie va pourtant au port de Wakamatsu, et aussi une petite quantité au port d'Unishima, situé sur la mer intérieure.

Le tableau suivant donne le nombre de mines, de puits de ce bassin et leur distance moyenne du port de Moji.

Centres houillers.	Nombre de mines.	Nombre de puits.	Distance de Moji.
Koharu.	7	22	37 milles.
Natsugoski	5	9	38,5
Ida	1	1	38,7
Gotori	21	30	40,5
Ikedjiri.	23	40	41,7
Kawasaki.	21	55	43,2
Sohida	15	39	45,2
Myatoko	16	13	42.2

Soit un total de 109 mines et 209 puits.

La Compagnie des Chemins de fer du Kyushiu perçoit les tarifs suivants pour le transport d'une tonne de houille :

	Yen.
Jusqu'à 24 milles.	0,023
De 24 à 49 milles.	0,0174
De 49 à 99 milles.	0,0102
De 99 à 149 milles.	0,0077
De 149 à 200 milles	0,0056

Il est ajouté 20 sen par tonne pour le chargement et le déchargement, quelle que soit la distance.

Pour combien d'années la production actuelle des bassins du Chiku-Ho et du Hoshiu est-elle assurée? Il nous a été donné des chiffres de cinquante à cent ans. L'incertitude que révèlent ces chiffres de cinquante et de cent ans résulte du fait que le gisement est très accidenté et que la qualité du charbon est très irrégulière; on peut compter toutefois sur un minimum de cinquante ans, à moins que l'extraction ne vienne à augmenter considérablement et épuiser avant ce délai le gisement existant.

ART. 7.

Connexion des ports de Moji et de Wakamatsu; importance de ce dernier et son rôle futur (Carte pièce n° 2).

Les arrivages au port de Wakamatsu , soit par voie ferrée, soit par la voie d'eau, se sont élevés en 1904, 1905, 1906, premier semestre 1907, respectivement à 4.057.295 tonnes, 4.185.366 tonnes, 4.140.407 tonnes et 2.488.820 tonnes (voir état, pièce n° 17). Cela fait un arrivage moyen journalier de 11.000 tonnes.

Mais, et c'est là ce qui constitue la connexion, très importante à considérer, existant entre les ports de Moji et de Wakamatsu, l'énorme arrivage de charbon dans ce dernier port ne s'évacue pas intégralement par bateaux de mer; par suite du manque de tirant d'eau, une grande partie est réexpédiée au port de Moji par des gabares à voiles, remorquées ou non, portant environ 60 tonnes, au nombre de plusieurs centaines; ces gabares débarquent leur charbon soit directement dans les steamers mouillés en rade de Moji, soit provisoirement sur les terre-pleins de Moji ou de l'île d'Hikoshima, située en face et près de Moji, pour être embarqué ultérieurement sur les steamers, de nouveau au moyen de gabares, comme il sera expliqué en détail plus loin, quand nous parlerons de la manutention des charbons au port de Moji.

Ainsi sur les chiffres précités des charbons arrivés à Wakamatsu en 1904, 1905, 1906 et premier semestre 1907, il est parti par gabares à destination de Moji, 2.467.615 tonnes, 2.345.510 tonnes, 2.228.283 tonnes, 1.292.120 tonnes. Pour donner un chiffre facile à retenir, on peut dire qu'il arrive en moyenne par jour 11.000 tonnes à Wakamatsu, qu'il en part 7.000 tonnes par gabares à destination de Moji tandis qu'il en arrive 3.000 tonnes directement à Moji par chemin de fer venant du Hoshiu.

L'exportation des 4.000 tonnes restant à Wakamatsu se faisait autrefois surtout par jonques de mer. A la suite de travaux d'amélioration exécutés récemment au port, cette navigation s'est en partie transformée, en même temps qu'elle semble prendre un certain essor. Les chargements directs en jonques de mer ou en steamers ont été de 1.608.992 tonnes en 1904, de 1.824.532 tonnes en 1905. 1.860.887 tonnes en 1906, et ont atteint le chiffre considérable de 1.274.433 tonnes dans le premier semestre de 1907, suivant une progression qui semble devoir être très sensible en 1907; il ne nous a pas été possible de faire le départ entre la navigation par jonques et la navigation par steamers: nous pouvons toutefois affirmer que l'augmentation porte surtout sur les steamers et que la navigation par jonques de mer aurait plutôt tendance à diminuer.

Cet essor est inquiétant, d'autant plus que le port de Moji ne semble pas reprendre aussi vite, depuis la guerre, l'essor rapide qu'il avait montré avant 1903.

Le port de Wakamatsu se présente, au premier abord, dans des conditions qui paraissent très supérieures à celles du port de Moji; il est près du goulet d'une grande baie abritée, avec de vastes étendues de terrains plats tout autour, permettant de vastes installations d'usines et de fabriques, ce qui n'est malheureusement pas le cas du port de Moji adossé à la montagne. Cela explique que ce port ait eu toutes les faveurs de l'État, qui a établi à Yedamitsu, sur le bord de la baie et tout près du port de Wakamatsu, une très importante fonderie nationale et qui a construit pour l'usage de cette fonderie des quais destinés à recevoir le minerai de fer venant de Chine par steamer. Cela explique également les dépenses considérables engagées par la Compagnie des Chemins de fer du Kyushu, qui a installé à Tobata toute une gare maritime puissamment outillée pour l'embarquement rapide des charbons, et qui a même construit un quai en eau profonde (20 pieds) de 300 mètres de longueur pour permettre l'accostage direct à quai des steamers. Cela explique enfin l'aide de 1 million de yen donné par le Gouvernement comme subvention à une Société anonyme qui s'est formée en 1897 pour l'amélioration du port de Wakamatsu. Cette Société concessionnaire d'un port public, la seule qui existe actuellement au Japon, a exécuté pour 4 millions de yen de travaux: digue pour protéger l'entrée du port contre les vents du nord-ouest, travaux de dragage dans le port intérieur jusqu'aux quais de la fonderie, léger redressement du chenal extérieur, placement de bouées, achat de trois grandes dragues à godets, etc.; les actions sont entre les mains de la Mitsu Bishi et des principales maisons de vente du charbon; les travaux entrepris ont été couronnés de succès; les steamers de 18 pieds pénètrent maintenant à l'intérieur du port et si, par suite de conditions particulières sur lesquelles nous reviendrons, les installations de chargement rapide que le Compagnie de Chemins de fer a établies à Tobata ne sont pas utilisées par ces steamers, tout au moins ceux-ci se chargent maintenant dans le port intérieur de Wakamatsu avec autant, sinon plus, de facilité qu'en rade de Moji.

La conclusion de cette apparente digression est qu'il faut prévoir, quand les installations de Tobata seront complétées et mieux utilisées, que la plupart des bateaux de 18 pieds abandonneront Moji pour Wakamatsu afin de bénéficier de l'économie de 11 milles de transport par chemin de fer, ce qui correspond à 1 yen par 10.000 kin (6 tonnes) ou 0 yen 16 par tonne.

Mais il n'y a pas à craindre que les bateaux d'un tirant d'eau supérieur à 18 pieds viennent à Wakamatsu ; les tirants d'eau sur le chenal extérieur ne le permettront pas, et la Société concessionnaire n'a pas envisagé l'éventualité de travaux d'approfondissement d'un chenal extérieur de près de 3 milles marins de longueur.

Nous arrivons au port actuel de Moji dont il est indispensable de connaître les conditions techniques et économiques pour juger de l'avenir d'un port à établir à Okubo et destiné à supplanter en tout ou en partie les installations existantes.

CHAPITRE III

Port de Moji.

———

Le port de Moji (carte pièce n° 3) situé au nord de l'île de Kyushiu est un port naturel, merveilleusement situé sur la rive sud du détroit auquel la ville, plus ancienne, de Shimonoseki a donné son nom, et qui est la porte de la mer intérieure du Japon: c'est le point de passage obligé des navires se dirigeant de Yokohama ou de Kobé vers la côte de Chine ou inversement.

Art. 8.

Régime des marées, courants et vents.

Le régime des marées et des courants à Moji, et aux abords de Moji, a été très étudié par les hydrographes japonais: une étude très détaillée a été spécialement faite, ces dernières années, en vue d'un projet d'amélioration du port de Moji, dressé par le Ministère de l'Intérieur duquel relèvent les Travaux publics, projet dont nous aurons l'occasion de parler ultérieurement. Ce régime des marées et des courants dans le détroit de Shimonoseki-Moji est très complexe; en des points voisins de quelques milles, l'heure de l'établissement de la pleine mer et le marnage de la marée varient très rapidement.

Le régime général de ces marées et de ces courants est résumé sur la carte marine (voir pièce n° 3). A Moji, les marées de vive eau s'élèvent de douze pieds, exceptionnellement treize pieds, et les marées de morte eau, de sept pieds au-dessus des plus basses mers.

Pour le point spécial d'Okubo, M. Slimbroeck (voir pièces n° 7₁ et 7₂) a constaté que l'onde marée est à peu près régulière, avec une descente un peu plus longue pourtant que la montée; que les marées de grandes vives eaux s'élèvent de 13 shakus (1), soit 3ᵐ,90, et les marées de mortes eaux de 6 shakus 9, soit 2ᵐ,10, au-dessus des plus basses mers.

---

(1) Le shaku est une mesure de longueur japonaise de 0ᵐ,303 environ, très voisine du pied anglais et que l'on peut pratiquement considérer comme équivalente.

En ce qui concerne les courants, des observations ont été faites par le même observateur (voir pièces n° 8₁, 8₂, 8₃) il a été constaté des courants allant jusqu'à 1 nœud 1/2 ; la direction du courant est variable suivant l'heure de la marée et suivant l'emplacement.

Les vents sont observés à l'Observatoire météorologique de Shimonoseki ; la pièce n° 9 résume les constatations faites pendant plusieurs années ; il résulte de ces graphiques qu'il y a surtout à considérer les vents d'Est et les vents de Nord-Ouest ; les vents de Nord-Ouest soufflent surtout en décembre, janvier, février, mars : les vents d'Est soufflent surtout pendant l'été et l'automne et atteignent des valeurs élevées à la suite des typhons : les vents de Nord et de Nord-Est ne sont pas très fréquents ni très violents.

Art. 9.

Description des installations existantes.

La rade de Moji a à peu près la forme d'un parallélogramme dont le grand côté parallèle à la côte a environ 2 kil. 800 et dont la hauteur est de 1 kilomètre. Un banc sous-marin de 1 kilomètre la limite du côté du chenal principal, séparant les ports de Moji et de Shimonoseki. On entre au port de Moji soit par le Sud, soit par la passe existant entre le banc précité et le cap de Moji.

Dans cette rade, on distingue trois mouillages pour bateaux à tirant d'eau de plus en plus élevé : le premier mouillage, près de la rive, a une superficie de 62 hectares dont 27 utilisables pour les bateaux, le deuxième une superficie de 103 hectares dont 95 hectares utilisables et le troisième une superficie de 108 hectares dont 71 hectares utilisables ; soit au total une surface d'eau de 273 hectares dont 193 hectares utilisables.

L'état pièce n° 18 donne la liste des bateaux qui ont fréquenté le port de Moji en janvier, février, mars et avril 1906. Cet état montre que la rade reçoit ordinairement des bateaux de 90 mètres de long, 9 mètres de large et d'un tirant d'eau de 5ᵐ,75 à 6 mètres ; elle peut recevoir des bateaux ayant quarante pieds ; elle a donné notamment abri au bateau « Minnesota » de 21.000 tonnes.

Il n'a été fait que de petites installations le long de la terre ; des quais ou perrés de défense, dont le pied est seulement à 1 mètre ou 1^m,50 au-dessous des basses mers, ont été construits le long de la rive sur une longueur d'environ 3 kil. 5 ; ensuite deux bassins ouverts ont été creusés du côté des terres, d'une superficie de 2 hectares et 1 hect. 5, ayant également 1 mètre à 1^m,50 de tirant d'eau : un petit canal semi-circulaire traverse la ville et met en communication ces deux bassins. Le long des quais et dans ces bassins intérieurs peuvent accoster des allèges, barges ou gabares de petit tirant d'eau, pouvant porter 60 tonnes en moyenne, au nombre de plus de deux cents avec quarante à cinquante remorqueurs.

Les steamers ne peuvent donc pas accoster le long de la rive ; ils doivent rester en rade, à 300 mètres, 400 mètres ou 500 mètres de cette rive, et sont obligés d'embarquer ou de débarquer leurs marchandises par l'intermédiaire des allèges.

L'ancienne Compagnie du Kyushiu (actuellement rachetée a poussé tout un réseau de voies ferrées le long des quais et bassins. Elle a notamment construit, en 1895, une estacade surélevée de 1.500 mètres environ de longueur, au sud de la ville, dans les endroits dits Hiroishi et Shirakisaki, en vue du déchargement rapide des charbons arrivant à Moji ; il existe ainsi, entre cette estacade et le quai, tout un ruban de terrains ayant une largeur moyenne de 50 mètres où se font des dépôts de charbons sur une largeur moyenne de 30 à 35 mètres.

En dehors de ces dépôts de Hiroishi et de Shirakisaki, à peu près exclusivement alimentés par la voie ferrée, existent d'autres dépôts à Moji même, à savoir : au lieu dit Komorigo encore plus au sud, toujours le long de la rive, dépôt alimenté soit par la voie ferrée, soit par allèges venant par mer du port de Wakamatsu ; aux lieux dits Miyanoshita et Rokuban, situés dans le voisinage du bassin nord de Moji, dépôts alimentés pour la majeure partie par allèges venant de Wakamatsu et pour une faible part par le chemin de fer ; enfin, rattachés au port de Moji ou plutôt à sa rade, existent d'importants dépôts le long de la rive de l'île de Hikoshima, aux lieux dits Enoura, Desimachi, Tanokubi, alimentés exclusivement par les allèges venues de Wakamatsu. Cela fait une longueur de dépôts suivant la rive de près de 6 kilomètres; le stock ainsi déposé est variable; il a été évalué, fin décembre : 311.084 tonnes en 1898; 345.800 tonnes en 1899; 179.715 tonnes en 1900; 203.323 tonnes en 1901; 106.543 tonnes en 1902; 307.181 tonnes en 1903; 211.889 tonnes en 1904; 144.685 tonnes en 1905; 341.164 tonnes en 1906.

Art. 10.

Manutention des Charbons.

Le chargement des charbons à bord des steamers se fait dans les conditions suivantes :

Premier cas. — Des allèges chargées de charbon viennent de Wakamatsu, se rangent le long du steamer et embarquent directement le charbon en rade de Moji.

Deuxième cas. — Le charbon amené en chemin de fer est déchargé sous l'estacade, ensuite il est déplacé de l'estacade au quai, chargé en allège, puis l'allège va par ses propres moyens ou avec l'aide d'un remorqueur le long du steamer, enfin embarquement du charbon dans le steamer.

Troisième cas. — Le charbon vient par allège de Wakamatsu, est déchargé sur le quai, puis est repris ultérieurement, comme dans le deuxième cas.

Ces diverses opérations se font à main d'homme; les photographies n° 12 (pièce n° 23) en montrent l'aspect pris sur le vif; une équipe de 28 coolies placée au droit d'une écoutille peut charger 25 tonnes à l'heure; si l'on peut placer quatre équipes, cela fait 100 tonnes à l'heure; mais ce chiffre, obtenu par performance, n'est pas à retenir : il faut compter, avec le temps perdu pour déplacer les gabares, sur une vitesse commerciale moitié moindre, soit de 50 tonnes à l'heure.

Art. 11.

Prix des manutentions de charbon et conditions actuelles du commerce des charbons.

Les terrains de dépôt de charbons qui s'étendent sur un front d'environ 6 kilomètres, tant sur la rive de Moji que sur la rive de l'île d'Hikoshima, ont les superficies et sont loués aux tarifs ci-après :

Miyanoshita, 1.770 tsubo (1) (5,841^{m2}) à 27 sen le tsubo par mois. yen   477 90
(Emplacement alimenté par les gabarres de Wakamatsu.)

Rokuban, 7.430 tsubo à 24 sen 1.783 20
(Emplacement alimenté soit par gabarres soit par chemin de fer.)

Hiroishi et Sirakisaki. 17.723 tsubo à 45 sen 7.975 35
(Emplacement desservi par l'appontement du chemin de fer.)

Komoriyo, 18.785 tsubo à 21 sen par tsubo. 3.940 65
(Emplacement alimenté soit par chemin de fer. soit par bateau.)

Enoura, 9.642 tsubo à 21 sen par tsubo. 2.034 82
(Emplacement situé en face de Moji dans l'ile de Hikoshima. alimenté
    par gabares.)

(**Doshimachi,** 7.826 tsubo à 21 sen par tsubo. 1.643 46
(Dans l'ile de Hikoshima.)

Tanokubi, 5.000 tsubo à 21 sen par tsubo . . . . 1.050 "

Cela fait un total de 68.156 tsubo. soit 22 hectares. loués à raison
de 18.895 yen par mois ou 226.740 yen par an (2). On voit quel
capital énorme ces terrains représentent. Ils sont possédés en grande
parti par la Mitsui et la Mitsui-Bishi, et, pour le restant, par des Banques. Il y aura lieu de tenir compte de ce fait et de la perte qui résulterait pour ces maisons du transfert du commerce des charbons à
Okubo.

Les marchands de charbons à Moji sont ou des exploitants de
mines qui ont des agents à eux à Moji pour la vente de leurs produits.
ou des marchands de charbon agissant pour leur propre compte, ayant
seulement des contrats d'achat avec les exploitants de mines; il va sans
dire que les cas mixtes se présentent, d'exploitants de mines vendant
tout ou partie de la production d'autres mines. On peut dire que plus
des deux tiers de la vente relèvent des deux maisons Mitsui et Mitsu
Bishi; viennent ensuite trois grandes maisons, à la fois propriétaires et
vendeurs, Yasukawa, Matsumoto, Jurakawa; le restant de la vente est
partagé entre environ quarante-trois marchands de charbon dont le
chiffre d'affaires est plus ou moins important (quinze maisons principales). Cette multitude de marchands s'ingénie à mélanger les charbons provenant de mines différentes; chacun prône son mélange et

---

(1) Le tsubo vaut 3^{m2},30.

(2) Il est manutentionné 3.500.000 tonnes environ à raison de 0 yen 38. comme nous le verrons
plus loin, soit au total au prix de 1.330.000 yen ; c'est sur cette somme qu'est prélevé ce revenu de
226.740 yen.

prétend vendre le meilleur produit. Il en résulte une multiplicité de types de charbons que l'on peut classer à la rigueur en trois qualités dans chacune desquelles on peut distinguer trois grosseurs, gros, moyen, poussière. Cette multiplicité des produits, cette dispersion de la vente seront des facteurs très importants à considérer quand nous arriverons à l'aménagement du port projeté à Okubo.

Pour leurs manutentions, les marchands de charbon les font eux-mêmes quand il s'agit de grosses maisons comme la Mitsui et la Mitsu-Bishi, ou s'adressent à des entrepreneurs de déchargement. Ces derniers se divisent en entrepreneurs de déchargement à terre et en entrepreneurs de déchargement en mer.

Les premiers louent les terrains de dépôt, prennent la responsabilité, à l'égard du marchand de charbon, de la réception, au point de vue de la qualité et de la quantité, du charbon qui arrive, et font toutes les manutentions à terre: les seconds ont à eux tout un matériel de gabares (environ 200), de remorqueurs (environ 40) et font les opérations d'embarquement du charbon à bord des steamers. On compte surtout trois gros entrepreneurs de terre et quatre gros entrepreneurs de mer.

Le personnel ouvrier comporte à Moji une population d'environ 10.000 coolies, hommes ou femmes; les relations de ces coolies avec leurs employeurs constituent un système de patronage, fréquent en Extrême-Orient, et qui entraine une certaine permanence des engagements : le coolie a une espèce de contrat tacite l'obligeant à travailler dès que le patron en a besoin: les diverses opérations de manutention des charbons comportent des temps perdus dans la journée et même des périodes de chômage: au lieu d'être payé chaque jour du travail qu'il fait réellement, le coolie reçoit de l'entrepreneur un traitement moyen de 0 yen 60 par jour; et encore ce traitement ne lui est pas payé intégralement: souvent il est nourri par l'entrepreneur et alors le prix de la nourriture lui est retenu sur son salaire; en tout cas, il ne lui est donné chaque jour qu'un acompte sur ces 60 sen, et le restant de son dû lui est versé intégralement à deux grandes fêtes japonaises, l'une au mois d'août, l'autre à la fin de l'année, pendant lesquelles le coolie abandonne le travail, va dans son village, fait la fête et mange toutes ses économies.

Ce traitement moyen de 0 yen 60 par jour nous a été justifié de la façon suivante : quand un coolie travaille, il rapporte à l'entrepreneur 2 yen 65; celui-ci en prend pour lui la moitié et laisse 1 yen 32 pour le coolie; pour tenir compte du chômage, ce chiffre est ramené à un traitement moyen de 0 yen 60 par jour. Sur son prélèvement, l'entrepreneur de débarquement à terre a à payer des frais divers dont les plus importants sont les frais de location des terrains de dépôt : c'est en effet lui qui supporte cette location élevée, qu'il reporte plus ou moins sur le marchand de charbon, car, bien entendu, les prix que nous donnerons ci-après sont des prix moyens; les locations de terrains se font généralement au mois, mais il y en a qui se font au jour le jour, et seulement les grandes Compagnies comme la Mitsui et la Mitsu-Bishi ont leurs terrains à elles.

Les prix, pour les marchands de charbon, des diverses manutentions nécessaires pour arriver à embarquer le charbon dans les steamers, sont les suivants :

Pour amener en gabare, remorquée ou non, le charbon pris à Wakamatsu, de l'emplacement où le chemin de fer le déverse, le long du steamer en rade de Moji, 1 yen 70 les 10.000 kin [1].

Pour amener à Moji le charbon déversé par le chemin de fer à son lieu de dépôt, 0 yen 05 à 0 yen 10 les 10.000 kin, suivant la distance.

Pour amener à Moji, du dépôt à terre à la gabare, 0 yen 90 les 10.000 kin.

Frais de gabare à Moji, pour aller de terre en rade, quelle que soit la distance, 0 yen 70 les 10.000 kin.

Frais de déchargement des gabares placées le long du steamer en rade de Moji, dans le steamer, 0 yen 60 les 10.000 kin.

Les prix globaux payés payés par les marchands de charbon sont donc les suivants :

Premier cas. — Des allèges chargées de charbon viennent de Wakamatsu, se rangent le long du steamer et embarquent directement le charbon en rade de Moji. Prix payé : 1 yen 70 + 0 yen 60 = 2 yen 30 les 10.000 kin, soit le prix de 0 yen 38 la tonne.

Deuxième cas. — Charbon arrivant par chemin de fer à Moji et

---

1) Le kin vaut 0ᵏ,6.

chargé par allèges à bord du steamer. Prix payé : 0 yen 10 + 0 yen 90 + 0 yen 70 + 0 yen 60 + 2 yen 30 les 10.000 kin, soit le même prix de 0 yen 38 la tonne.

Troisième cas. — Charbon venant par allèges de Wakamatsu, déchargé sur les terre-pleins de Moji, puis repris ultérieurement comme dans le deuxième cas. Il en résulte un supplément de frais de 0 yen 90 par 10.000 kin. soit une augmentation de 0 yen 15 par tonne ; cette augmentation est légèrement inférieure à l'augmentation des frais de chemin de fer de Moji par rapport à Wakamatsu pour les charbons du Chikuho : cette dernière augmentation correspondant à 11 milles, est, en en effet. de 1 yen par 10.000 kin, soit 0 yen 17 par tonne. Cela explique le passage par le port de Wakamatsu de 7.000 tonnes par jour des charbons du bassin du Chikuho qui sont ensuite embarquées au port de Moji.

Quand il s'agit de charbon chargé dans les soutes pour la consommation propre du navire, au lieu de charbon de cargaison, il y a des difficultés plus grandes d'embarquement par suite du défaut d'espace pour placer les équipes ; de ce fait, le chargement subit une plus-value de 15 sen par 10.000 kin, soit 2 sen 5 par tonne.

Les prix donnés plus haut sont augmentés jusqu'à 10 0/0 quand les navires mouillent à grandes distances ou quand le charbon est déposé loin du quai à terre ou bien quand la hauteur du chargement est élevée.

Pour le travail de nuit, on majore le prix de déchargement en rade des gabares dans les steamers, de 30 0/0 dans le cas de charbon de cargaison et de 50 0/0 dans le cas de charbon de soute.

Le travail par temps de pluie donne lieu à un supplément.

Art. 11 bis.

Manutention des marchandises diverses.

Les marchandises autres que les charbons sont embarquées et débarquées au moyen de gabares le long des quais hauts des deux bassins intérieurs ; ces bassins sont desservis par les voies de quai et sont pourvus en certains endroits de grands magasins d'une superficie totale d'environ 6.000 tsubo (Mitsui, 400 ; Nippon Yusen Kaisha, 1000 ; Mitsui Ginko, 1.400, etc.). Les colis sont manutentionnés à dos d'homme ou, s'ils sont trop lourds, au moyen de deux grues de 5 tonnes montées sur chariots.

Il existe en outre à Moji un dépôt pour le sel, un entrepôt des tabacs, une raffinerie de sucre disposant de 3.000 tsubo de magasins ; les pétroles sont déposés en un point spécial dans l'île d'Hikoshima.

Art. 12.

Navires fréquentant le port de Moji et ports japonais ou étrangers en relation avec lui.

Nous avons fait relever au bureau du port la liste des bateaux entrés au port de Moji pendant les quatre premiers mois de 1906, avec l'indication de leur nationalité, de leur tonnage, du lieu de provenance, de celui de destination et de la quantité ainsi que de la nature des marchandises exportées ou importées. Voir pièce n° 18.

Nous avons constaté au moyen de cet état que les bateaux de 2.000 tonnes de jauge et au-dessus avaient pris, en 1906, 360.000 tonnes de charbon pendant les quatre premiers mois, soit 1 million de tonnes en nombre rond pour l'année entière.

L'état n° 19 donne la statistique du nombre des bateaux de toutes sortes entrés et sortis au port de Moji dans les quatre dernières années, de 1903 à 1906 ; cet état donne, à la fin, le nombre et la nationalité des steamers employés au commerce étranger, au port de Moji, séparément pour les entrées et les sorties.

L'état n° 20 donne la destination du charbon exporté de Moji aux ports japonais et aux ports étrangers, de 1903 à 1906.

Art. 13.

Défectuosités du port de Moji. — Accidents. — Chômages.

Quand on parle des défectuosités du port de Moji, il faut bien distinguer ce qui est le fait de l'homme et ce qui est le fait de la nature : du fait de l'homme, on peut dire qu'il n'a presque rien été fait au port de Moji et que ce port a tous les inconvénients d'un port dépourvu de quais en eau profonde ; du fait de la nature, on a fait à l'emplacement du port de Moji, et particulièrement à sa rade où les steamers sont obligés de mouiller, le reproche de présenter des courants violents et d'être ouverts aux vents de nord-ouest qui sont fréquents en hiver.

Ces inconvénients sont réels ; il ne faut pourtant pas en exagérer l'importance ; les courants atteignent en vives-eaux des vitesses de un nœud, un nœud et demi, deux nœuds et jusqu'à trois nœuds suivant l'emplacement ; mais ces courants sont surtout gênants parce que les navires sont obligés de faire leurs opérations en rade et non le long de quais auxquels ils pourraient s'amarrer solidement ; quand aux vents de nord-ouest, ce ne sont pas les plus fréquents, ni les plus violents dans la région ; on en parle beaucoup à Moji parce que Moji est abrité des vents d'est par la montagne à laquelle il est adossé ; ces vents d'est qui se feront sentir en partie à Okubo sont pourtant supérieurs en fréquence et en intensité aux vents du nord-ouest ; au surplus, il y a un critérium qui montre que l'agitation provoquée à Moji par les vents nord-ouest n'est pas considérable. c'est l'état de vétusté des appontements en bois et la légèreté des murs ou quais hauts construits le long de la rive de Moji qui ne résisteraient certainement pas à ce que nous appellerions chez nous une mer agitée.

L'état pièce n° 21 donne la statistique des accidents un peu importants arrivés en 1906 dans le détroit de Shimonoseki et aux abords, au port de Moji et au port de Shimonoseki ; les accidents sont certainement dus aux courants et sont plus fréquents en hiver pendant les vents de nord-ouest ; mais le plus grand nombre résulte des opérations qu'il est nécessaire de faire en rade et arrive surtout aux gabares qui tiennent très mal la mer. Cet état ne prouve en rien la supériorité de la rade d'Okubo sur celle de Moji.

Enfin, l'état pièce n° 22 donne le nombre de jours par an où, par suite de l'agitation, les gabares suspendent leurs opérations. Cela fait un mois par an en moyenne. La situation serait la même à Okubo. Aux deux endroits le remède serait la construction de quais en eau profonde.

ART. 14.

Comparaison des emplacements de **Moji** et d'**Okubo** pour l'établissement d'un port.
Améliorations projetées au port de Moji ou améliorations possibles.
Conséquences ruineuses pour le port projeté à Okubo si elles se réalisaient.

Ces inconvénients, courant et vents, sont-ils de telle importance qu'il faille envisager que les murs de quai en eau profonde, dont il conviendrait de doter le port de Moji devraient être construits ailleurs? Le but de notre mission était en grande partie de voir justement si le point voisin d'Okubo distant de 700 à 800 mètres par terre de Moji même, ne présenterait pas à ce point de vue une supériorité incontestable ?

A Okubo, les vents de nord-ouest ne seront pas à craindre, étant arrêtés par la presqu'île située à l'ouest : on sera un peu protégé des vents d'est par les terres à l'est ; c'est surtout les vents de nord et de nord-est qui se feront sentir, circonstance favorable pour Okubo, attendu, comme nous l'avons dit précédemment, que ces vents ne sont ni fréquents ni violents.

Au point de vue des courants, il résulte des constatations de M. Slimbroock qu'ils atteignaient un nœud, au plus un nœud et demi en vive eau : ils paraissent légèrement moins forts et moins variables en direction qu'en rade de Moji.

Malgré ces différences en faveur d'Okubo, nous estimons que les conditions nautiques du port actuel de Moji ne sont pas tellement défavorables, qu'il ne faille pas se préoccuper d'une concurrence possible pour le port projeté à Okubo au cas où des murs de quai en eau profonde viendraient à être établis à Moji même.

On a songé, en effet, à doter ce dernier de pareilles installations. D'après les renseignements que nous avons recueillis sur place, il a été nommé par le Gouvernement une grande Commission comprenant des représentants de tous les Ministères et des représentants des intérêts

privés, Chemins de fer, Mines, etc.. chargée d'étudier les améliorations
à apporter audit port. Cette grande Commission, dont nous n'avons pas
pu avoir les rapports, fonctionnerait depuis plusieurs années ; nous
avons demandé à M. Loonen de nous procurer tout au moins les
conclusions de cette Commission ; notre demande a été jusqu'à ce jour
sans résultat. Tout ce que nous pouvons dire, c'est qu'à une visite
faite à Okubo par M. Torahara, gouverneur de la province de Fukuoka,
accompagné par son ingénieur local, M. Tsuruda, le 9 novembre 1907.
visite à laquelle nous assistions, un projet complet d'amélioration du
port de Moji nous a été présenté, dont nous extrayons le plan général
(pièce annexe n° 11) ; il nous a été dit que ce projet, modifié par la
suppression de la digue extérieure, était pris en considération par le
Gouvernement et qu'on envisageait sa mise en chantier prochaine. Le
projet complet coûterait 13 millions de yen ; on commencerait seulement par faire les deux môles du sud dont la dépense s'élèverait à
quatre millions de yen.

Ces renseignements ne nous ont pas été confirmés par M. le Directeur des Douanes de Moji ; ce dernier nous a dit au contraire que
tout était abandonné. Mais nous avons tout lieu de croire, d'après ce
qui nous a été dit, et d'après ce que nous avons vu, que cet abandon.
si abandon il y a, n'aurait pas été envisagé par la grande Commission
comme un désir de voir porter les installations à Okubo où vraisem-
blablement elle présenterait les mêmes objections, mais serait inspiré
par la crainte que les ouvrages projetés, gagnant sur la mer, ne pro-
voquassent l'ensablement des passes du détroit de Shimonoseki.

Au cas où ces travaux seraient exécutés par l'État, comme ce
dernier fait supporter les dépenses par le budget général, sans faire
payer de taxes supplémentaires par les bateaux, il est évident que l'on
ne pourrait songer à installer à Okubo un port concédé pour lequel la
Société concessionnaire sera dans l'obligation de payer l'intérêt du
capital engagé. Il y aura donc à provoquer une déclaration du Gouver-
vernement Japonais à ce sujet et à insérer cette déclaration dans l'acte
de concession ; cette déclaration établirait que le Gouvernement, à
moins de rachat, renoncerait à exécuter lui-même des quais en eau
profonde à Moji ou à ses abords pendant la durée de la concession.

Mais il y a plus : même au cas où le Gouvernement Japonais renoncerait à exécuter lui-même des travaux au port de Moji, et laisserait à l'initiative privée le soin d'aménager ce port, il y aurait certaines précautions à prendre à l'égard des concurrents possibles du port d'Okubo.

Parmi ces concurrents possibles, il y en a deux de tout désignés : ce sont la Mitsui et M. Asano, propriétaire de la Fabrique de ciment de Moji et Président de la Société de Navigation la Toyo Kisen Kaisha, qui fait le service entre Yokohama et San-Francisco. La Mitsui possède à peu près à elle seule la bande de terrain le long de la rive suivant AB (plan pièce nº 11) : M. Asano possède la bande BC. Ce sont là des emplacements excellents pour y établir des quais en eau profonde.

Comme dans le cas de travaux exécutés par le Gouvernement, il y aurait donc lieu de stipuler dans l'acte de concession qu'à moins de rachat, le Gouvernement prendrait l'engagement de ne pas donner de concessions de quais en eau profonde à Moji et dans ses abords.

CHAPITRE IV

Projet de port à Okubo.

Art. 15.

Historique.

L'affaire du port d'Okubo a commencé, il y a six ans, par une affaire de simple cale sèche à établir à cet emplacement ; il était naturel. en effet, de songer à établir une forme de radoub dans un port comme le port de Moji qui est fréquenté par un nombre considérable de bateaux. Ce n'est que récemment que les promoteurs de l'affaire ont songé à étendre la demande de concession et à envisager la construction d'un port aussi étendu que possible.

Naturellement. il ne s'agissait pas de répéter à Okubo ce qui se présente à Moji, c'est-à-dire de se contenter de gagner un peu sur la mer, de défendre le terrain ainsi gagné par des perrés ou murs de quai fondés très peu au-dessous de la marée basse, de faire des petits bassins intérieurs pour les jonques et de laisser les grands bateaux en rade dans le « Minami Suido ». Il s'agissait d'avoir un port en eau profonde. c'est-à-dire des murs de quai présentant un tirant d'eau suffisant pour pouvoir être accostés directement par les plus grands navires.

Art. 16.

Description des ouvrages projetés (voir pièce n° 4).

La pièce n° 4 donne la disposition générale qui pourrait être adoptée. Nous avons placé la forme de radoub dans une direction nord nord-ouest. suivant un désir exprimé par les marins pratiques de la localité ; le mur de quai AB, de 250 mètres de longueur, servira au débarquement des marchandises autres que les charbons ; le quai CD, de 200 mètres de longueur, servira au chargement des charbons de soute, c'est-à-dire du charbon servant à la consommation propre des navires ; le quai DE de 550 mètres de longueur, servira au chargement des charbons de cale. c'est-à-dire des charbons transportés par les cargos charbonniers ou par les cargos mixtes. Le terrain sera ensuite remblayé suivant la ligne FGH et limité par un perré. Un bassin pour les bateaux de pêche de Tan-Oura est prévu à l'extrémité du tracé.

Le tirant d'eau prévu est de 30 pieds (9 mètres) à mer basse, auxquels il y aura à ajouter 12 pieds en vive eau (3^m,64) et 7 pieds en morte eau (2^m,12) au moment de la haute mer.

La longueur prévue pour la forme de radoub est de 400 pieds de longueur utile (121,20) ; sa largeur de 60 pieds au bas du pertuis d'entrée (18 mètres) ; le seuil serait établi à 20 pieds (6 mètres) au-dessous des plus basses mers.

Il résulte des forages exécutés par M. Slimbroeck (1) que tous ces ouvrages, forme de radoub, mur de quai seront établis sur de l'argile consistante ou sur du sable argileux.

Art. 17.

Prolongement du chemin de fer jusqu'au port d'Okubo
(pièces annexes n°s 5 et 6).

Trois tracés ont été envisagés pour la ligne de raccordement avec la station de Moji.

La première solution prolongerait simplement la voie de port atteignant à Moji le petit bassin nord, traverserait ce bassin sur un pont à deux travées de 65 mètres environ de longueur, passerait en souterrain de 420 mètres sous la montagne qui sépare Moji d'Okubo et arriverait à Okubo dans une direction ouest-est ; la longueur serait d'environ 1.200 mètres avant d'atteindre les installations d'Okubo même.

La deuxième solution partirait du centre de Moji, traverserait à niveau plusieurs rues de la ville, nécessiterait l'expropriation de nombreuses maisons, se dirigerait à un tunnel de 340 mètres de longueur pour se raccorder avec le premier tracé.

La troisième solution partirait à Moji du même point de départ que la deuxième, suivrait le fond de la vallée, franchirait en tranchée à ciel ouvert le col d'Okubo et aboutirait à l'extrémité est du futur port.

Ces deux dernières solutions sont à rejeter à raison des nombreuses expropriations d'immeubles qu'elles nécessiteraient et du

---

(1) La pièce 10, donne les sondages faits en septembre-octobre 1907 par M. Slimbroeck et l'emplacement des forages exécutés par lui ; la note pièce 10$_2$ donne le résultat de ces forages.

trouble qu'elles apporteraient dans la circulation publique de la ville de Moji.

Art. 18.

Justification des dispositions adoptées pour la forme de radoub.

Revenons au port proprement dit; justifions-en les dispositions et projets et précisons les conditions de son exploitation.

Les grandes formes de radoub existant actuellement au Japon sont les suivantes :

EMPLACEMENT	NOM	LONGUEUR	LARGEUR	LARGEUR à L'ENTRÉE	TIRANT D'EAU
		Ft	Ft	Ft	Ft
Hakodate	Hakodate Dock C° (1 forme)	En haut 531 27	96.65	81.69	Max. 30.51
		En bas 508 88	72.50	71.85	Min. 27.72
Uraga	Ishi Kawajuna Shipyard (2 formes)	En haut 497 11	75.59	69.59	Max. 27.60
		En bas 494 71	65.65	59.65	Min. 20.60
		En haut 456 »	78. »	65. »	Max. 25. »
		En bas 448 »	56. »	53. »	Min. 19. »
Yokohama	Yokohama Dock C° (2 formes)	En haut 562.10	121. »	95. »	Max. 29. »
		En bas 516.04	75.08	75.08	Min. 21.06
		En haut 422 07	90. »	64. »	Max. 27. »
		En bas 377.10	48. »	46. 03	Min. 19. »
Osaka	Osaka Iron Works (1 forme)	En haut 250. »	40. »	37.30	Max. 12.60
		En bas 247.70	35.10	34.11	Min. 8.60
Kobé	Kawasaki Shipyard 1 forme	En haut 428. »	73.60	60.40	Max. 24.80
		En bas 420. »	35.10	52. »	Min. 20.80
	Dock flottant appartenant à la Mitsu Bishi de 7.000 tonnes.	460. »	56. »	»	22. »
Nagasaki	3 formes à la Mitsu Bishi Dockyard	En haut 526.60	101.10	89. »	Max. 27.60
		En bas 517.60	33. »	76. »	Min. 23.60
		En haut 375. »	78. »	66. »	Max. 24.80
		En bas 366. »	32. »	53.20	Min. 19.20
		En haut 728. »	121. »	99.90	Max. 34.10
		En bas 722. »	88. »	88.60	Min. 29.70

On voit qu'il existe déjà au Japon de grandes formes de radoub; ces formes appartiennent à des Sociétés particulières et les principales, notamment les formes de Nagasaki, de Kobé et de Yokohama, appartiennent à des Sociétés de construction de navires : la Mitsu Bishi Dockyard qui construit, par exemple, en ce moment à Nagasaki, le *Tenyo-Maru*, transatlantique à turbines de 13.000 tonnes, la Kawasaki Shipyard, l'Ishikawajuma Shipyard. Ces grands chantiers privés de construction qui existent en dehors des quatre grands arsenaux de l'État : Kure, Yokoska, Sasebo et Maizuru, sont fortement soutenus par le Gouvernement; ils sont actuellement plus que suffisants et il ne faut pas songer à leur faire concurrence.

Tout ce qu'il y a lieu d'établir à Okubo, c'est une forme de radoub pour la visite pour ainsi dire annuelle que doivent subir les cargos, pour leur nettoyage, leur peinturage et les petites réparations.

Nous avons adopté en conséquence la longueur de 400 pieds qui est la longueur que ne dépasse pas la grande majorité des navires venant à Moji. La largeur et la profondeur adoptées sont en harmonie avec cette longueur.

Art. 19.

Justification des dispositions adoptées pour les murs de quai destinés à l'embarquement des charbons et conditions d'exploitation du port projeté.

Quels sont les besoins actuels du port de Moji-Okubo? C'est, comme nous l'avons dit, la construction de murs de quai en eau profonde, de façon à supprimer les transbordements en gabare, causes de retards, de frais supplémentaires et d'accidents dus aux courants et aux vents, accidents qui ne se produiraient pas si les grands bâteaux accostaient directement à quai. Ces inconvénients sont surtout sensibles pour les grands bateaux.

Pour les bateaux au-dessous de 2.000 tonnes, ces inconvénients sont, en effet, bien moins sensibles; la vitesse des déchargements par gabare et le prix en somme peu élevé de ces débarquements leur suffit; on ne peut songer à diminuer beaucoup leur séjour au port. Au surplus, ces bateaux sont destinés à disparaitre de Moji et, comme nous l'avons justifié précédemment. à aller charger directement au port de Wakamatsu.

Nous n'avons donc à nous préoccuper que des navires supérieurs à 2.000, 3.000, 4.000, 5.000 tonnes et au-dessus. Pour ceux-là, il y a un grand intérêt à opérer rapidement; les prix de location par jour de bateaux de 3.000, 4.000, 5.000 tonnes, étant respectivement de 350, 450, 650 yen et leurs durées de déchargement étant actuellement de quatre, cinq et six jours, on voit ce qu'un jour gagné sur la durée du chargement peut amener d'économie.

Quel est le trafic qu'il y a lieu de prévoir?

Nous avons vu paécédemment (article 12) que le trafic des bateaux supérieurs à 2.000 tonnes était de 1 million de tonnes de charbon.

Mais ce chiffre doit être augmenté pour deux raisons :

1° Les paquebots-postes étrangers qui vont à Nagasaki pour faire leur charbon préféreraient Moji s'ils devaient opérer à quai et non en rade; seuls. en effet, jusqu'à maintenant, les paquebots-postes japonais de la Nippon Yusen Kaisha chargent en rade de Moji; or, on compte de 500.000 à 600.000 tonnes par an de charbon pris ainsi à Nagasaki.

2° Il est probable que. si l'on offrait à la navigation au port de Moji-Okubo des murs de quai avec un tirant d'eau de 30 pieds à mer basse, il s'ensuivrait une transformation dans la capacité des bateaux transporteurs. Il ne faudrait pourtant pas croire que tous les bateaux de 2.000 tonnes disparaîtraient et qu'il n'y aurait plus que des bateaux de 4.000 ou 5.000 tonnes; la dimension de ce matériel naval est commandée par les tirants d'eau des ports destinataires (1), et comme beaucoup de ces ports destinataires ne peuvent recevoir que des bateaux de 2.000 tonnes, force est bien de conserver ces derniers. Il n'y a donc à prévoir qu'une transformation partielle de ce matériel de batellerie.

Finalement, nous estimons que, pour tenir compte de cette transformation probable de la batellerie, et aussi pour tenir compte de l'augmentation vraisemblable et prochaine de trafic résultant du transfert à Moji des chargements des paquebots-poste qui se font actuellement à Nagasaki. il faut porter à 1.500.000 tonnes de charbon par an le ton-

---

(1 L'état n° 20 donne l'énumération des ports destinataires du Japon et de l'étranger.

nage à desservir par les gros bateaux accostés le long des murs de
quai en eau profonde.

Ce trafic de 1.500.000 tonnes fait un débit journalier moyen de
4.500 tonnes, pour lequel il y a à considérer le débit dans les mines,
le transport en chemin de fer, le dépôt dans le port, l'embarquement
en navires de mer; auxquels correspondent les Compagnies minières
productrices, les Compagnies de chemins de fer transporteuses, la
Société concessionnaire du port, les marchands de charbon exploitant
le port et les Compagnies de navigation faisant l'export.

Si toutes ces Compagnies et Entreprises étaient concentrées dans
la même main, on comprend que cette direction unique harmoniserait
les diverses opérations de façon à utiliser au mieux le matériel de
chemin de fer, le matériel naval et à rendre rapides les opérations de
manutentions qui doivent s'effectuer dans le port. Une telle concentration existe presque pour les importantes mines de Miike, situées également, comme nous l'avons dit, dans l'île de Kyushiu, appartenant à la
Mitsui, qui produisent en moyenne 3.000 tonnes de charbon par jour,
et pour lesquelles la Mitsui a construit à ses frais un port à Omuta,
port que nous avons visité, pour lequel il a été dépensé 5 millions de
yen en travaux de maçonnerie, sans compter l'outillage qui coûtera
près de 1 million de yen. Les mines sont à 7 ou 8 kilomètres du port;
des trains apporteront le charbon sur des estacades surélevées et le
déchargeront, pour les charbons autres que les poussières, dans quatre
trémies, correspondant à quatre grosseurs de charbon, et pour les
poussières simplement sous une estacade surélevée ; il y aura ainsi un
dépôt de 50.000 tonnes des premiers et de 40.000 tonnes de poussière ;
le quai le long duquel accosteront les gros navires a 1.380 pieds de
long et pourra recevoir facilement 3 navires de 400 pieds de long, portant 7.000 tonnes et tirant 24 pieds, appartenant à la Mitsui: en vingt
heures on pourra charger trois bateaux au moyen de deux importants
transbordeurs à charbon qui glisseront sur des rails le long du quai et
qu'on pourra amener au droit des panneaux des navires; chacun de
ces transbordeurs pourra embarquer 5.000 tonnes en vingt heures ; ils
seront alimentés par des trains de wagons, formés spécialement au port
même, indépendants des trains amenant le charbon des mines ; ces
trains se chargeront, pour les charbons gros. en passant sous les tré-

mies en ouvrant les diaphragmes : pour la poussière de charbon, au moyen de grues avec bennes à mâchoires.

Il y a là une organisation très remarquable, qui fonctionnera dans quelques mois, et qui est, dans le cas actuel, d'un enseignement précieux.

Malheureusement, cette concentration dans les mêmes mains des mines, des chemins de fer, du port et des bateaux n'existe généralement pas. A mesure qu'elle se dénoue, le rendement diminue et l'harmonie cesse : la Compagnie du chemin de fer amène trop ou pas assez de wagons chargés, les transbordeurs à grand rendement chôment, les bateaux ne se présentent pas en temps voulu à certains moments, tandis qu'à d'autres ils sont obligés d'attendre leur place à quai. Citons à titre d'exemple d'installations très coûteuses qui n'ont pas réussi, les installations qu'a faites l'ancienne Compagnie du Kyushiu à Tobata, au port de Wakamatsu ; cette Compagnie a construit elle-même un quai de 800 pieds de longueur avec un tirant d'eau de 20 pieds ; elle l'a armé d'une estacade surélevée par où arrivent les trains chargés de charbon ; les wagons déversent dans des bennes qui sont reprises par deux transbordeurs roulants, ayant chacun un rendement de 250 tonnes à l'heure. Cette installation, qui a coûté environ 1.700.000 yen, ne rend pas les services sur lesquels on comptait ; les steamers ne viennent pas, comme on le pensait, se charger le long du quai, parce que la Compagnie du chemin de fer ne peut pas alimenter assez rapidement par ses trains directement un steamer de 2.000 tonnes, par exemple, accosté à quai : il manque le dépôt intermédiaire qui a, à Miike, 50.000 tonnes, qui sert de volant. Seul un petit vapeur, l' « Inoshima Maru », appartenant à la Mitsui, de 800 tonneaux de port seulement, charge à quai une fois par semaine et la chose n'est possible que pour deux motifs : d'une part, il s'agit de la Mitsui, propriétaire de nombreux puits de mine, et ensuite la quantité de charbon ainsi transportée régulièrement n'est pas considérable et la Compagnie de chemin de fer arrive à fournir assez de wagons. L'exemple de Tobata prouve donc la nécessité d'un dépôt intermédiaire.

On voit combien les conditions économiques et l'organisation des entreprises influent sur les dispositions techniques à adopter. Nous avons hâte, à ce point de vue, de signaler les difficultés, il vaudrait même mieux dire les impossibilités auxquelles on se heurterait si le port d'Okubo devait être exploité comme le port de Moji actuel par une multitude de marchands de charbon.

Si l'on devait à Okubo garder l'organisation actuelle de Moji, avec ses 47 marchands de charbon pratiquant chacun des mélanges variés, il faudrait, pour ainsi dire, 47 dépôts plus ou moins importants, comportant chacun plusieurs espèces de charbon, 4 espèces de gros et de la poussière ; ces dépôts devraient être assez étendus pour permettre la préparation des mélanges qui, actuellement, se réalisent dans les gabares de chargement ; ces dépôts prennent une superficie, nous avons vu, de 68.156 tsubo (22 hectares) ; le terre-plein que l'on pourra avoir au port d'Okubo sera d'environ 70.000 tsubo : quoique presque d'égale étendue, il ne suffirait sans doute pas ; car, actuellement, les mélanges de charbons que pratiquent les marchands se réalisent en chargeant les gabares de chargement et, à Okubo, il faudrait les réaliser sur le terre-plein lui-même, d'où première insuffisance de ce dernier. Mais, ce qui est plus grave, pour amener ce charbon aux divers tas par chemin de fer, il faudrait que la Compagnie de chemin de fer établisse un réseau de voies prenant une notable partie de la superficie du terre-plein : pour conduire ce charbon aux steamers accostés le long du quai, il faudrait presque autant de réseaux ferrés que de marchands distincts, ce qui exigerait une surface de terre-plein qui fait déjà défaut, qu'on peut estimer à deux à trois fois la surface précitée de 70.000 tsubo. Mais ce n'est pas seulement la superficie des terre-pleins qu'il faudrait démesurément étendre, ce serait aussi la longueur des places à quai : chaque marchand demanderait pour ses installations une place à quai ; comme il désirerait sans doute pouvoir charger deux ou trois bateaux à la fois, il faudrait un développement de quais pour 140 bateaux, ce qui exigerait 14 kilomètres de quai : ces quais auraient un coefficient d'utilisation de 100 tonnes au mètre courant, ce qui est exagérément bas et serait la ruine d'une Société privée qui voudrait rémunérer son capital de premier établissement (1).

---

(1) L'organisation actuelle du port de Moji avec des dépôts échelonnés le long des rives de la mer, l'embarquement des navires en rade par des barges qui peuvent évoluer librement entre ces tas et les navires, permettent seuls l'organisation économique actuelle de ce port.

L'emplacement d'Okubo ne permet un développement de quai pour les charbons que de 1.700 mètres; nous proposons même de le réduire pour le moment à 1.000 mètres; la dépense totale s'élève à 23 millions de francs; pour pouvoir rémunérer ce capital, il est de toute nécessité de pouvoir manutentionner 1.500.000 tonnes par an et d'avoir un coefficient d'utilisation des quais d'environ 1.500 tonnes par mètre courant.

Voyons si la chose est possible et à quelles conditions.

Pour pouvoir embarquer 1.500.000 tonnes par an, c'est-à-dire environ 4.500 tonnes par jour, il faut un développement de quai et un matériel d'embarquement permettant d'embarquer par jour le triple, soit 13.500 tonnes; cela est rendu nécessaire par ce fait que la Société concessionnaire du port ne fera pas elle-même le commerce du charbon, qu'elle n'aura pas comme la Miike ses bateaux à elle; force sera de recevoir les bateaux quand ils se présenteront, ce qui oblige forcément à prévoir des moments où les bateaux manqueront au port et d'autres où ils seront plus nombreux qu'il ne faudrait pour correspondre seulement au débit moyen de 4.500 tonnes par jour.

Supposons que sur la longueur de 750 mètres affectée au chargement des charbons, il y ait huit bateaux dont deux prenant du charbon de soute à raison de 500 tonnes et six bateaux prenant du charbon de cale à raison de un bateau prenant 3.000 tonnes, un prenant 2.500 tonnes et quatre prenant 1.500 tonnes chacun; bien entendu ces chiffres n'indiquent pas le tonnage complet des bateaux, mais le chargement en lourd pris par chacun d'eux. L'outillage à prévoir sera le suivant: des appareils de chargement spéciaux pour le charbon de soute ayant une vitesse commerciale de cent tonnes à l'heure de façon à charger chaque bateau en cinq heures; quatre bateaux pourront ainsi être chargés en dix heures, au besoin huit bateaux en chargeant la nuit; cela fait pour le chargement de jour 2.000 tonnes; quatre transbordeurs de grande puissance, de 250 tonnes à l'heure, donnant une vitesse commerciale de 200 à 150 tonnes, chargeront en un jour les chargements de 3.000 tonnes et de 2.500 tonnes; puis huit transbordeurs de 100 tonnes, à rendement commercial de 75 tonnes, chargeront les quatre chargements de 1.500 tonnes.

Ces transbordeurs devront être alimentés par des trains prenant le charbon à un stock de 200.000 tonnes de charbon par exemple, avec des installations analogues à celles de Miike.

Mais cela nécessite qu'on ne distingue, comme à Miike, qu'un petit nombre de qualités, et surtout que tout le commerce soit concentré entre les mains de quelques grosses maisons.

Art. 20.

Installations pour les marchandises diverses.

Pour les marchandises diverses, il est prévu un quai de 250 mètres de longueur, le long duquel pourront accoster deux grands bateaux ou trois petits. Deux hangars de 100×20, soit au total de 4.000 mètres carrés, seront construits pour le dépôt provisoire des marchandises débarquées ou embarquées : nous disons dépôt provisoire, car les marchandises ne devront y séjourner que très peu de temps, juste le nombre d'heures suffisant pour en assurer la reconnaissance en douane et l'expédition dans les magasins pour les marchandises importées, soit le dépôt momentané pour les marchandises exportées.

Sur un quai de 250 mètres de long, nous estimons un coefficient d'utilisation de 200 tonnes par mètre courant : cela fait un trafic de 50.000 tonnes. Il y aura lieu pour la Société concessionnaire de construire des magasins proprement dits dont la location sera une source de revenus ; nous évaluons à 3.000 tsubo carrés la superficie de ces magasins à établir sur le terre-plein en arrière des quais, à une distance suffisante et dans une position convenable pour ne pas être incommodé par le voisinage des charbons.

Art. 21,

Puissance de transport de la voie ferrée.

Dans un rapport en date du 23 octobre dernier qui a été adressé à M.M. Schneider et Cie et qui sera sans doute communiqué à la Banque de Paris et des Pays-Bas, M. Chaix a établi que les chemins de fer du Kyushiu ainsi prolongés jusqu'à Okubo pourront desservir.

moyennant quelques travaux d'amélioration projetés, un trafic journalier moyen de 15.000 tonnes par vingt-quatre heures; ce chiffre représente plus de trois fois le trafic moyen du port d'Okubo. Ces chemins de fer suffiront donc aux installations actuelles qui prévoient un trafic moyen de 4.500 tonnes, et également au maximum des installations futures qui pourront s'élever à 9.000 tonnes.

Il serait fort désirable que la Société obtienne de l'État japonais, qui a racheté les lignes du Kyushin et qui exploitera le raccordement avec le port d'Okubo, la construction à ses frais de cet embranchement. Si l'État refusait de prendre cette dépense à sa charge, il conviendrait de lui demander de se charger de la construction; la Société verserait ultérieurement une somme à débattre, mais que nous évaluons au maximum à 500.000 yen dans les calculs ci-après.

Art. 22.

Évaluation de la dépense de premier établissement; vente des terrains gagnés sur la mer venant en atténuation.

Les prix des matériaux sont plutôt plus forts que ceux de France notamment pour le ciment et pour les briques. Le prix de la main-d'œuvre est moins élevé, mais le rendement est moindre.

L'évaluation que nous avons faite de la dépense s'élève à 9 millions de yen, soit 23 millions de francs, se décomposant de la façon suivante :

Achat de terrains	Yen	450.000
Murs de quai		2.000.000
Forme de radoub		1.500.000
Perrés		500.000
Terrassements		2.0 0.000
Dragages		100.000
Chemins de fer		500.000
Magasins		150.000
Outillage		1.000.000
Somme à valoir		800.000
Total	Yen	9.000.000
Soit	Francs	23.000.000

Après avoir défalqué le terrain nécessaire aux installations pour la manutention et le dépôt des charbons ainsi que celui nécessaire à la manutention et au dépôt des marchandises diverses (hangars, magasins, etc.), il restera encore une superficie de terrain de 55.000 tsubo qui pourra être vendu par la Société concessionnaire.

Cette vente ne pourra se réaliser que progressivement; elle demandera au moins 7 ans; elle pourra se faire à un prix moyen de 50 yen le tsubo, soit un total de 2.750.000 yen (7 millions de francs en chiffres ronds).

Art. 23.

Évaluation des recettes.

Pour la rémunération du capital engagé, la Société concessionnaire devra percevoir des taxes sur les bateaux: comme nous supposons qu'elle exploitera le port et que notamment elle fera le chargement et le déchargement des marchandises, nous incorporerons ces taxes dans les taxes d'usage des engins ou installations.

On demandera ainsi 0 yen 60 par tonne embarquée (1); sur un tonnage de 1.500.000 tonnes, cela fera 900.000 yen: en supposant que le prix de revient soit de 0 yen 25, cela fera un bénéfice net de 525.000 yen.

Le long du perré continuant le quai proprement dit, il pourra être fait la manutention des charbons avec le procédé primitif actuellement en usage à Moji, les navires mouillant dans la Minami Suido: nous évaluons à 10.000 tsubo carrés le terrain qu'on pourra louer à raison de 3 yen par an, cela fera un bénéfice de 30.000 yen.

Pour les marchandises diverses qui sont des marchandises de valeur, on pourra demander en moyenne 3 yen par tonne: pour 50.000 tonnes, cela fera 150.000 yen dont 125.000 yen de bénéfice net. Il n'y a pas à parler de location des hangars où les marchandises seront seulement de passage pendant un temps aussi court que possible.

---

(1) Ce prix est supérieur de 22 à 7 sen, aux prix actuels (art. 11); il présentera encore une notable économie pour les gros bateaux qui mettront ainsi un temps moins long pour embarquer leur charbon et qui, de plus, n'auront pas à subir les chômages résultant du mauvais temps (environ 30 jours par an. art. 13).

La Société concessionnaire tirera profit de la location des magasins à raison de 0 yen 50 par tsubo-semaine comme prix de location, et supposant un chômage d'un tiers, on arrive à un bénéfice de 50.000 yen.

Location de la forme de radoub. En comptant 400 yen pour l'assèchement et 150 yen par jour pour la location, en comptant trois jours en moyenne d'occupation et 100 navires par an, on arrive à une recette brute de 95.000 yen qui donneront un bénéfice net de 60.000 yen.

Les bénéfices nets précédents ont été obtenus en défalquant des revenus bruts les frais de manutention des engins mobiles, ainsi que leurs réparations; il faut ajouter comme charge de l'entreprise l'entretien des ouvrages fixés principalement en maçonneries. murs de quai, magasins, etc. Nous évaluons cette charge à 80.000 yen.

Enfin, nous évaluons à 100.000 yen les frais de direction et frais généraux qui n'ont pas trouvé place dans les frais dont il a été tenu compte dans les chiffres précédents.

Le tableau suivant résume ainsi les bénéfices d'exploitation :

RECETTES, DÉPENSES ET BÉNÉFICES D'EXPLOITATION PAR AN

	RECETTES	DÉPENSES	DIFFÉRENCE
	Yen	Yen	Yen
Manutention des charbons le long des quais en eau profonde.	900.000	375.000	525.000
Manutention des charbons le long du perré.	»	»	30.000
Manutention des marchandises diverses	150.000	25.000	125.000
Location des magasins.	»	»	50.000
Location de la forme de radoub.	95.000	35.000	60.000
Entretien des murs de quais, magasins.	»	80.000	— 80.000
Frais de direction et frais généraux	»	100.000	— 100.000
BÉNÉFICE NET.			610.000
SOIT. Fr.			1.573.800

Art. 24.

Durée des travaux, développement de l'exploitation.
Durée de la concession.

Les travaux pourront être exécutés en cinq ans. Le trafic dont il est fait état dans le présent rapport ne sera obtenu que progressivement, en cinq années, environ.

Les dépenses de construction, montant à 23 millions de francs, devront être engagées à raison de 3 millions la première année, 5 millions les quatre années suivantes.

La vente des terrains dont le total doit s'élever à 7 millions de francs demandera sept ans, après l'achèvement des travaux, avec un chiffre que l'on peut évaluer en moyenne à 1 million de francs par an.

Avec ces données, nous avons calculé que, trente-cinq après l'achèvement des travaux, les dépenses de premier établissement seraient remboursées aux taux de 5 0/0, en sorte qu'après ce délai, et en supposant même stationnaire le développement du trafic, la Société aurait à percevoir sans aucune charge la somme de 1.573.800 francs pendant le restant de la durée de la concession.

Mais il y a lieu de prévoir que le trafic du port de Moji-Okubo ne restera pas stationnaire ; étant donné le développement de l'industrie et des transports maritimes japonais, il y a toute probabilité pour que le trafic prévu s'élève progressivement au-dessus du chiffre minimum de 1.500.000 tonnes et, à en juger par le passé, atteigne en dix ou quinze ans un chiffre double de 3 millions de tonnes ; or pour desservir ce trafic, il suffira de construire 700 mètres de quais qui, avec l'outillage, coûteront seulement 6 millions de francs ; les bénéfices nets iront donc en augmentant et, quand le trafic sera de 3 millions de tonnes, ils atteindront le chiffre de 2.900.000 francs.

Comme il est d'usage en matière de concession de port, il conviendrait de demander, si possible, une concession de soixante-quinze ans, tout au moins une concession de cinquante ans.

Le calcul ordinaire du rachat, basé sur les bénéfices des sept dernières années, ne devrait commencer à fonctionner que cinq ans plus sept ans, soit douze ans, après la mise en exploitation des ouvrages. Avant cette période, le rachat ne devrait se faire qu'à dire d'experts.

Art. 25.

Objections possibles de la Marine japonaise aux dispositions projetées ; autres solutions à envisager.

L'esquisse d'avant-projet que nous avons présentée plus haut n'est donnée qu'à titre d'indication. Mais nous craignons que, comme pour les travaux projetés au port de Moji même (voir article 14), la Marine japonaise fasse des objections à cet avant-projet, qu'elle se refuse à un remblaiement de terrain aussi considérable, qu'elle redoute une aggravation des courants dans la passe du détroit de Shimonoseki.

Force serait alors d'envisager des solutions moins favorables, mais encore acceptables.

Par exemple, des jetées à claire-voie, en bois ou en métal, perpendiculaires à la rive, dans le genre des piers anglais ou américains, quelque chose d'analogue à l'avant-projet dressé par M. Willoughby (voir rapport de cet ingénieur et la pièce annexe 4 *bis* ci-jointe), mais simplifié par la suppression de la digue pleine prévue à l'est, qui prêterait aux mêmes objections de la Marine que les dispositions envisagées précédemment. Avec cette solution, la Marine ne pourrait pas dire qu'on change le régime de l'estuaire ; mais il y aurait deux inconvénients : 1° les navires accostés le long des jetées se présenteraient perpendiculairement aux vents d'est, qui sont en cet emplacement les seuls dominants et les plus violents, ce qui est une circonstance défavorable ; 2° les profondeurs ne seraient obtenues le long des jetées que grâce à des dragages qui seront sans doute à recommencer périodiquement. Cette solution, il est vrai, aurait l'avantage de permettre un plus grand développement des quais accostables que dans la solution par quai droit parallèle à la rive.

Une troisième solution a été également envisagée par les Japonais (voir pièce annexe 4), consistant en un mur de quai continu parallèle à la rive, comme dans les dispositions que nous avons nous-mêmes envisagées, mais ce mur de quai serait moins avancé en mer et les profondeurs seraient obtenues par des dragages. Cette solution, qui aurait sans doute l'approbation de la Marine japonaise, aurait l'inconvénient de nécessiter sans doute des dragages d'entretien onéreux.

Nous sommes d'avis que ces trois solutions devraient être étudiées dès maintenant par la Société de MM. Schneider et C⁰ et par M. Coiseau pour être les deux dernières présentées à l'Administration japonaise en cas de rejet de la première, lors de négociations à entamer pour l'obtention de la concession.

Nous sommes d'avis que les constructeurs devraient même étudier une quatrième et une cinquième solution (voir pièces annexes 4_4 et 4_5).

La solution 4_4 consisterait en une série de môles limités par des murs de quai en maçonnerie. Cette quatrième solution qui comporterait un remblai moins considérable que la première serait peut-être acceptée par la Marine et aurait le grand avantage de donner un développement de murs de quai plus considérable ; on commencerait par construire deux môles et on construirait les môles suivants au fur et à mesure que le trafic se développerait.

La cinquième solution (pièce annexe 4_5) consisterait en un appontement longitudinal analogue à l'appontement de l'auillac ; cette cinquième solution aurait l'avantage, comme la solution par appontements transversaux, de ne changer en rien le régime des courants dans le détroit de Shimonoseki ; elle aurait peut-être à ce titre la préférence de la Marine japonaise.

Ces diverses solutions coûteraient plutôt meilleur marché que la solution que nous avons envisagée ; mais la diminution de dépense serait compensée par la diminution de superficie des terrains gagnés sur la mer à vendre à un prix rémunérateur.

CHAPITRE V

Résumé et Conclusions.

Art. 26.

En résumé, les améliorations à apporter au port de Moji consistent dans la construction de murs de quai en eau profonde, de façon que les opérations d'embarquement ou de débarquement des grands steamers ne se fassent plus en rade au moyen de barques tenant plus ou moins bien la mer; cette situation n'est pas particulière au port de Moji; on peut dire que c'est la situation de tous les grands ports japonais : à Yokohama où des travaux considérables sont sur le point d'être achevés, à Kobé où des travaux non moins considérables viennent seulement de commencer, à Osaka où l'on se préoccupe, après avoir créé un avant-port, de le doter comme à Yokohama et à Kobé, de murs de quai en eau profonde directement accostables aux grands navires.

L'emplacement du lieu dit Okubo paraît bien choisi pour doter le port de Moji de ces murs de quai en eau profonde; les vents et les courants semblent s'y présenter dans des conditions plutôt favorables par rapport aux autres emplacements que l'on pourrait choisir à Moji même ou aux abords. Mais ces conditions ne sont pas tellement supérieures qu'il ne faille pas envisager la construction possible de pareils ouvrages à Moji même, soit par le Gouvernement Japonais, soit par l'initiative privée, les Mitsui, par exemple, ou d'autres puissants usagers du port de Moji.

Le concessionnaire du port d'Okubo ne pourrait pas soutenir la concurrence de l'État qui construit avec le produit de l'impôt et n'a pas l'habitude, au Japon, de se rémunérer des subventions qu'il donne, par des taxes de tonnage ou d'usage; il ne pourrait pas songer non plus à lutter avec les Mitsui, grands propriétaires de mines, qui monopolisent la vente du charbon à Moji.

Force est donc de demander au Gouvernement Japonais d'insérer dans l'acte de concession l'engagement de ne pas contruire lui-même, ni donner en concession publique ou privée la construction de murs de quai en eau profonde dans le rayon d'action du port de Moji ; au cas où le Gouvernement voudrait user de cette faculté, il devrait racheter la concession.

Les chemins de fer de l'île de Kyushiu ayant été rachetés par l'État, il y aurait lieu ensuite d'obtenir du Gouvernement Japonais, en même temps que la concession du port d'Okubo, la concession de l'embranchement destiné à desservir celui-ci. Il conviendrait même, pensons-nous, de demander à l'État de se charger de la construction de cet embranchement si l'on parvenait à se mettre d'accord avec lui sur le montant des dépenses.

Il semble qu'étant donnée l'importance stratégique des passes du détroit de Shimonoseki, les Commissions compétentes ne donneront leur approbation à l'acte de concession que si, conjointement à cet acte de concession, il est présenté un avant-projet des ouvrages à établir permettant de juger en connaissance de cause des conséquences que pourrait avoir cet établissement pour la navigation dans le détroit. Il est donc de toute nécessité de demander aux constructeurs, M. Coiseau et MM. Schneider et Cⁱᵉ, de présenter le plus tôt possible des avant-projets, notamment suivant les cinq dispositions générales dont il a été donné esquisse dans ce rapport :

1° Mur de quai droit en maçonnerie parallèle à la côte, assez avancé en mer pour éviter des dragages d'entretien ;

2° Série de môles larges avec murs de quai en maçonnerie ;

3° Mur de quai droit en maçonnerie parallèle à la côte, peu avancé en mer, nécessitant des dragages pour obtenir à son pied la profondeur nécessaire ;

4° Appontements en bois ou en acier perpendiculaires à la côte ;

5° Appontement longitudinal en bois ou en acier.

Les constructeurs auraient toute liberté dans leurs propositions : ils auraient seulement à assurer un tirant d'eau de 30 pieds anglais à mer basse, à donner un développement de quais de 1.000 mètres.

susceptible d'être porté ultérieurement à 1.700 mètres, dont 250 mètres pour le service des marchandises diverses et 750 mètres pour la manutention des charbons, à prévoir pour les barques de Tanaoura un bassin de trois hectares et demi au minimum; en plus des murs de quai, une forme de radoub de 400 pieds de longueur utile, de 60 pieds au bas du pertuis d'entrée, avec seuil établi à 20 pieds au-dessous des plus basses mers, serait à prévoir, comportant un petit atelier d'entretien. L'outillage des quais à charbon devrait pourvoir à un trafic de 1.500.000 tonnes de charbon par an et comporter un stock de 200.000 tonnes, avec un aménagement de ce stock en tas de 10.000 tonnes, par exemple, avec quatre qualités de charbon et cinq marchands différents; l'outillage des quais à marchandises diverses devrait suffire à un trafic de 50.000 tonnes.

La concession devrait être demandée pour une durée de soixante-quinze années. Étant donnée l'importance stratégique du port de Moji, le Gouvernement Japonais tiendra sans doute à pouvoir disposer en tout temps de la faculté de rachat: si ce rachat a lieu avant une période de douze ans à courir de la mise en exploitation, il devra se faire à dire d'experts, dont un nommé par le concessionnaire, le second nommé par le Gouvernement Japonais, et le troisième nommé par les deux premiers, ou, en cas de non entente, par le Président de la Commission arbitrale de La Haye. Après une période de douze ans d'exploitation, le rachat pourrait se faire suivant la formule habituelle, basée sur les bénéfices nets des sept dernières années.

Si le Gouvernement Japonais accorde, comme nous le demandons, pour ainsi dire le monopole des murs de quai en eau profonde au port de Moji, il ne peut être question de lui demander une garantie d'intérêt sous forme quelconque, ni une subvention en capital. L'affaire promet, d'ailleurs, d'être rémunératrice, surtout si, comme il paraît légitime de le faire, on escompte l'augmentation future du trafic du port charbonnier de Moji, conséquence de l'essor considérable que semblent devoir prendre les industries et les transports maritimes au Japon.

En ce qui concerne les taxes à percevoir, il est de toute nécessité que le Gouvernement japonais laisse entière latitude au concessionnaire

afin que celui-ci puisse organiser une bonne exploitation; comme nous
l'avons expliqué, cette exploitation devra se faire dans des conditions
spéciales, à la suite d'une entente avec les quatre ou cinq grandes maisons de vente de charbon, dont la Mitsui et la Mitsu Bishi; on ne peut
songer à desservir les quarante autres petits marchands de charbon de
Moji; dans ces conditions, des tarifs même maxima pourraient faire
naître des prétentions chez ces derniers et rendre impossible l'exploitation intensive, la seule permettant de rendre l'entreprise viable. Il
serait fort désirable d'intéresser aux travaux du port d'Okubo ces quatre
ou cinq grandes maisons, principalement la Mitsui et la Mitsu Bishi;
nous avons même la conviction que le Gouvernement japonais n'accor-
dera l'espèce de monopole du port de Moji que nous proposons de lui
demander que s'il ne rencontre pas d'objections de la part de ces dernières; et la meilleure manière de prévenir ces objections est de donner à ces deux puissantes associations une part convenable dans
l'affaire.

Telles sont les principales clauses spéciales qu'il y aura lieu d'insérer dans l'acte de concession. Quant aux clauses ordinaires qui se
rencontrent dans les actes de ce genre: exemption des droits de
douanes, exonération d'impôts sur les constructions, bâtiments. etc.;
engagement du Gouvernement Japonais de ne pas établir de péages à
son profit, faculté d'expropriation pour cause d'utilité publique, faculté
d'exercer les droits de police et autres que les lois et règlements con-
fèrent au Gouvernement en matière de travaux et d'exploitation publics; spécification des terrains que la Société aura le droit de revendre;
location moyennant une redevance nominale des terrains du domaine
public qui seront nécessaires à l'exploitation du port; gratuité des
extractions de matériaux sur le domaine public; reprise de l'outillage
et des approvisionnements à dire d'experts en cas de rachat ou en fin
de concession: lieu du paiement en or de l'indemnité de rachat et
stipulation d'intérêt à dater de la reprise des installations; substitution
de Société. etc., quant à ces clauses, dis-je, il y aura lieu d'en prévoir
l'insertion avec les légères modifications que comporte l'espèce envisagée.

Disons, en terminant, qu'il nous semble que la question de concession du port de Moji-Okubo pourrait être l'amorce de plus grandes

affaires de Travaux publics à exécuter au Japon, intéressantes à la fois
pour les capitalistes et les entrepreneurs de notre pays. A la vérité il
ne faut guère espérer obtenir d'autres concessions d'exploitation de
grands ports ; on se heurterait, comme nous en ont prévenu des per-
sonnalités éminentes du Japon, à l'opinion publique et à l'opposition
des villes qui, en ce pays, gèrent les ports de commerce ; mais, comme
nous l'ont affirmé les mêmes personnes, les Japonais seraient très
heureux de traiter avec des Européens pour l'aménagement et l'outillage de leurs grands ports : nous ne parlerons pas du port de Yokohama où les travaux sont sur le point d'être terminés, mais du port de
Kobé, de celui d'Osaka et surtout du projet de Tokyo port de mer,
(100 millions de francs environ) qui semble tenir particulièrement à
cœur aux Japonais, dont l'exécution a été jusqu'ici retardée par l'insuffisance des moyens financiers de la Ville de Tokyo et aussi par
l'absence de grands entrepreneurs japonais de travaux publics.

Paris, 6 Janvier 1908.

GODARD

INGÉNIEUR EN CHEF DES PONTS ET CHAUSSÉES.

www.ingramcontent.com/pod-product-compliance
Ingram Content Group UK Ltd.
Pitfield, Milton Keynes, MK11 3LW, UK
UKHW022137170726
13837UKWH00004B/1624